NH농협중앙회 / 은행

신규직원 채용대비

기출동형 모의고사

제 3 회	영 역	직무능력평가+직무상식평가
	문항수	80문항
	시 간	95분
	비 고	객관식 5지선다형

SEOWONGAK
(주)서원각

제3회 기출동형 모의고사

01 직무능력평가

1. 다음 중 밑줄 친 부분의 한자어 표기로 옳지 않은 것은?

1. 상품특징
   신용카드 매출대금 ㉠입금계좌를 당행으로 지정(변경)한 개인사업자에 대해 한도와 금리를 우대하고 일일상환이 가능한 개인사업자 전용 대출 상품
2. 대출대상
   소호 CSS 심사대상 개인사업자로서 다음 조건을 모두 만족하는 자
   • 사업기간 1년 이상 경과
   • 3개사 이상(NH채움카드는 필수)의 신용카드 ㉡매출대금 입금계좌를 당행으로 지정(변경)
   • 대출신청일 현재 최근 1년간 신용카드 매출금액이 12백만원 이상
   • 소호 CSS 심사 AS 7등급 이상
3. 대출기간
   • 일일상환 : 1년 이내
   • 할부상환 : 3년 이내
4. 대출한도
   총 소요자금한도 범위 내에서 차주 ㉢신용등급, 업종, 상환능력, ㉣자금용도 및 규모 등을 감안하여 동일인당 최대 150백만 원 이내
5. 대출금리
   대출금리는 신용등급 및 ㉤거래실적 등에 따라 차등 적용됨

① ㉠ – 入金計座
② ㉡ – 賣出代金
③ ㉢ – 信用等級
④ ㉣ – 資金用度
⑤ ㉤ – 去來實績

┃2~3┃ 다음은 환율과 오버슈팅에 대한 설명이다. 물음에 답하시오.

　외국 통화에 대한 자국 통화의 교환 비율을 의미하는 환율은 장기적으로 한 국가의 생산성과 물가 등 기초 경제 여건을 반영하는 수준으로 수렴된다. 그러나 단기적으로 환율은 이와 괴리되어 움직이는 경우가 있다. 만약 환율이 예상과는 다른 방향으로 움직이거나 또는 비록 예상과 같은 방향으로 움직이더라도 변동 폭이 예상보다 크게 나타날 경우 경제 주체들은 과도한 위험에 노출될 수 있다. 환율이나 주가 등 경제 변수가 단기에 지나치게 상승 또는 하락하는 현상을 오버슈팅(overshooting)이라고 한다. 이러한 오버슈팅은 물가 경직성 또는 금융 시장 변동에 따른 불안 심리 등에 의해 촉발되는 것으로 알려져 있다. 여기서 물가 경직성은 시장에서 가격이 조정되기 어려운 정도를 의미한다.

　물가 경직성에 따른 환율의 오버슈팅을 이해하기 위해 통화를 금융 자산의 일종으로 보고 경제 충격에 대해 장기와 단기에 환율이 어떻게 조정되는지 알아보자. 경제에 충격이 발생할 때 물가나 환율은 충격을 흡수하는 조정 과정을 거치게 된다. 물가는 단기에는 장기 계약 및 공공요금 규제 등으로 인해 경직적이지만 장기에는 신축적으로 조정된다. 반면 환율은 단기에서도 신축적인 조정이 가능하다. 이러한 물가와 환율의 조정 속도 차이가 오버슈팅을 초래한다. 물가와 환율이 모두 신축적으로 조정되는 장기에서의 환율은 구매력 평가설에 의해 설명되는데, 이에 의하면 장기의 환율은 자국 물가 수준을 외국 물가 수준으로 나눈 비율로 나타나며, 이를 균형 환율로 본다. 가령 국내 통화량이 증가하여 유지될 경우 장기에서는 자국 물가도 높아져 장기의 환율은 상승한다. 이때 통화량을 물가로 나눈 실질 통화량은 변하지 않는다.

　그런데 단기에는 물가의 경직성으로 인해 구매력 평가설에 기초한 환율과는 다른 움직임이 나타나면서 오버슈팅이 발생할 수 있다. 가령 국내 통화량이 증가하여 유지될 경우, 물가가 경직적이어서 ㉠실질 통화량은 증가하고 이에 따라 시장 금리는 하락한다. 국가 간 자본 이동이 자유로운 상황에서, ㉡시장 금리 하락은 투자의 기대 수익률 하락으로 이어져, 단기성 외국인 투자 자금이 해외로 빠져나가거나 신규 해외 투자 자금 유입을 위축시키는 결과를 초래한다. 이 과정에서 자국 통화의 가치는 하락하고 ㉢환율은 상승한다. 통화량의 증가로 인한 효과는 물가가 신축적인 경우에 예상되는 환율 상승에, 금리 하락에 따른 자금의 해외 유출이 유발하는 추가적인 환율 상승이 더해진 것으로 나타난다. 이러한 추가적인 상승 현상이 환율의 오버슈팅인데, 오버슈팅의 정도 및 지속성은 물가 경직성이 클수록 더 크게 나타난다. 시간이 경과함에 따라 물가가 상승하여 실질 통화량이 원래 수준으로 돌아오고 해외로 유출되었던 자금이 시장 금리의 반등으로 국내로 복귀하면서, 단기에 과도하게 상승했던 환율은 장기에는 구매력 평가설에 기초한 환율로 수렴된다.

2. 위 내용을 바탕으로 A국 경제 상황에 대한 경제학자 甲의 견해를 추론한 것으로 적절하지 않은 것은?

> A국 경제학자 甲은 자국의 최근 경제 상황을 다음과 같이 진단했다.
>
> 금융 시장 불안의 여파로 A국의 주식, 채권 등 금융 자산의 가격 하락에 대한 우려가 확산되면서 안전 자산으로 인식되는 B국의 채권에 대한 수요가 증가하고 있다. 이로 인해 외환 시장에서는 A국에 투자되고 있던 단기성 외국인 자금이 B국으로 유출되면서 A국의 환율이 급등하고 있다.
>
> B국에서는 해외 자금 유입에 따른 통화량 증가로 B국의 시장 금리가 변동할 것으로 예상된다. 이에 따라 A국의 환율 급등은 향후 다소 진정될 것이다. 또한 양국 간 교역 및 금융 의존도가 높은 현실을 감안할 때, A국의 환율 상승은 수입품의 가격 상승 등에 따른 부작용을 초래할 것으로 예상되지만 한편으로는 수출이 증대되는 효과도 있다. 그러므로 정부는 시장 개입을 가능한 한 자제하고 환율이 시장 원리에 따라 자율적으로 균형 환율 수준으로 수렴되도록 두어야 한다.

① A국에 환율의 오버슈팅이 발생한 상황에서 B국의 시장 금리가 하락한다면 오버슈팅의 정도는 커질 것이다.

② A국에 환율의 오버슈팅이 발생하였다면 이는 금융 시장 변동에 따른 불안 심리에 의해 촉발된 것으로 볼 수 있다.

③ A국에 환율의 오버슈팅이 발생할지라도 시장의 조정을 통해 환율이 장기에는 균형 환율 수준에 도달할 수 있을 것이다.

④ A국의 환율 상승이 수출을 증대시키는 긍정적인 효과도 동반하므로 A국의 정책 당국은 외환 시장 개입에 신중해야 한다.

⑤ A국의 환율 상승은 B국으로부터 수입하는 상품의 가격을 인상시킴으로써 A국의 내수를 위축시키는 결과를 초래할 수 있다.

3. 다음에 제시된 그래프의 세로축 a, b, c는 ㉠~㉢과 하나씩 대응된다. 이를 바르게 짝지은 것은?

> 다음 그래프들은 국내 통화량이 t 시점에서 증가하여 유지된 경우 예상되는 ㉠~㉢의 시간에 따른 변화를 순서 없이 나열한 것이다.

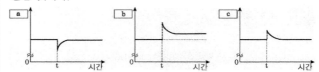

> (단, t 시점 근처에서 그래프의 형태는 개략적으로 표현하였으며, t 시점 이전에는 모든 경제 변수들의 값이 일정한 수준에서 유지되어 왔다고 가정한다. 장기 균형으로 수렴되는 기간은 변수마다 상이하다.)

	㉠	㉡	㉢			㉠	㉡	㉢
①	a	c	b		②	b	a	c
③	b	c	a		④	c	a	b
⑤	c	b	a					

4. 다음 빈칸에 들어가기 가장 적절한 문장은?

> 호랑이는 우리 민족의 건국 신화인 단군 신화에서부터 등장한다. 호랑이는 고려 시대의 기록이나 최근에 조사된 민속자료에서는 산신(山神)으로 나타나는데, '산손님', '산신령', '산군(山君)', '산돌이', '산 지킴이' 등으로 불리기도 하였다. 이처럼 신성시된 호랑이가 우리의 설화 속에서는 여러 가지 모습으로 나타난다. 호랑이는 가축을 해치고 사람을 다치게 하는 일이 많았던 모양이다. 그래서 설화 중에는 ＿＿＿＿＿＿＿＿＿＿＿. 사냥을 하던 아버지가 호랑이에게 해를 당하자 아들이 원수를 갚기 위해 그 호랑이와 싸워 이겼다는 통쾌한 이야기가 있는가 하면, 밤중에 변소에 갔던 신랑이 호랑이한테 물려 가는 것을 본 신부가 있는 힘을 다하여 호랑이의 꼬리를 붙잡고 매달려 신랑을 구했다는 흐뭇한 이야기도 있다. 이러한 이야기들은 호랑이의 사납고 무서운 성질을 바탕으로 하여 꾸며진 것이다.

① 호랑이가 사람과 마찬가지로 따뜻한 정과 의리를 지니고 있는 것으로 나타나기도 한다.

② 호랑이가 산신 또는 산신의 사자로 나타나는 이야기가 종종 있다.

③ 사람이나 가축이 호랑이한테 해를 당하는 이야기가 많이 있다.

④ 호랑이를 구체적인 설명 없이 신이한 존재로 그리기도 한다.

⑤ 사람이 호랑이 손에 길러지는 장면이 등장하기도 한다.

5. 다음은 해외이주자의 외화송금에 대한 설명이다. 옳지 않은 것은?

---

1. 필요서류
   - 여권 또는 여권 사본
   - 비자 사본 또는 영주권 사본
   - 해외이주신고확인서(환전용) – 국내로부터 이주하는 경우
   - 현지이주확인서(이주비환전용) – 현지이주의 경우
   - 세무서장이 발급한 자금출처 확인서 – 해외이주비 총액이 10만불 초과 시
2. 송금한도 등
   한도 제한 없음
3. 송금방법
   농협은행 영업점을 거래외국환은행으로 지정한 후 송금 가능
4. 알아야 할 사항
   - 관련법규에 의해 해외이주자로 인정받은 날로부터 3년 이내에 지정거래외국환은행을 통해 해외이주비를 지급받아야 함
   - 해외이주자에게는 해외여행경비를 지급할 수 없음

---

① 송금 한도에는 제한이 없다.

② 국내로부터 이주하는 경우 해외이주신고확인서(환전용)가 필요하다.

③ 관련법규에 의해 해외이주자로 인정받은 날로부터 3년 이내에 지정거래외국환은행을 통해 해외이주비를 지급받아야 한다.

④ 농협은행 영업점을 거래외국환은행으로 지정한 후 송금이 가능하다.

⑤ 해외이주자의 외화송금에서 반드시 필요한 서류 중 하나는 세무서장이 발급한 자금출처 확인서.

6. 다음 글을 바탕으로 하여 빈칸을 쓰되 예시를 사용하여 구체적으로 진술하고자 할 때, 가장 적절한 것은?

사람들은 경쟁을 통해서 서로의 기술이나 재능을 최대한 발휘할 수 있는 기회를 갖게 된다. 즉, 개인이나 집단이 남보다 먼저 목표를 성취하려면 가장 효과적으로 목표에 접근하여야 하며 그러한 경로를 통해 경제적으로나 시간적으로 가장 효율적으로 목표를 성취한다면 사회 전체로 볼 때 이익이 된다. 그러나 이러한 경쟁에 전제되어야 할 것은 많은 사람들의 합의로 정해진 경쟁의 규칙을 반드시 지켜야 한다는 것이다. 즉,

---

① 농구나 축구, 마라톤과 같은 운동 경기에서 규칙과 스포츠맨십이 지켜져야 하는 것처럼 경쟁도 합법적이고 도덕적인 방법으로 이루어져야 하는 것이다.

② 21세기의 무한 경쟁 시대에 우리가 살아남기 위해서는 기초 과학 분야에 대한 육성 노력이 더욱 필요한 것이다.

③ 지구, 금성, 목성 등의 행성들이 태양을 중심으로 공전하는 것처럼 경쟁도 하나의 목표를 향하여 질서 있는 정진(精進)이 필요한 것이다.

④ 가수는 가창력이 있어야 하고, 배우는 연기에 대한 재능이 있어야 하듯이 경쟁은 자신의 적성과 소질을 항상 염두에 두고 이루어져야 한다.

⑤ 모로 가도 서울만 가면 된다고 어떤 수단과 방법을 쓰든 경쟁에서 이기기만 하면 되는 것이다.

7. 다음의 내용을 논리적 흐름이 자연스럽도록 순서대로 배열한 것은?

㉠ 사물은 저것 아닌 것이 없고, 또 이것 아닌 것이 없다. 이쪽에서 보면 모두가 저것, 저쪽에서 보면 모두가 이것이다.

㉡ 그러므로 저것은 이것에서 생겨나고, 이것 또한 저것에서 비롯된다고 한다. 이것과 저것은 저 혜시(惠施)가 말하는 방생(方生)의 설이다.

㉢ 그래서 성인(聖人)은 이런 상대적인 방법에 의하지 않고, 그것을 절대적인 자연의 조명(照明)에 비추어 본다. 그리고 커다란 긍정에 의존한다. 거기서는 이것이 저것이고 저것 또한 이것이다. 또 저것도 하나의 시비(是非)이고 이것도 하나의 시비이다. 과연 저것과 이것이 있다는 말인가. 과연 저것과 이것이 없다는 말인가.

㉣ 그러나 그, 즉 혜시(惠施)도 말하듯이 삶이 있으면 반드시 죽음이 있고, 죽음이 있으면 반드시 삶이 있다. 역시 된다가 있으면 안 된다가 있고, 안 된다가 있으면 된다가 있다. 옳다에 의거하면 옳지 않다에 기대는 셈이 되고, 옳지 않다에 의거하면 옳다에 의지하는 셈이 된다.

---

① ㉠ – ㉡ – ㉢ – ㉣

② ㉠ – ㉡ – ㉣ – ㉢

③ ㉠ – ㉢ – ㉡ – ㉣

④ ㉠ – ㉣ – ㉡ – ㉢

⑤ ㉠ – ㉣ – ㉢ – ㉡

| 8~10 | 다음은 GDP와 GNI에 관련된 설명이다. 물음에 답하시오.

'GDP(국내총생산)'는 국민경제 전체의 생산 수준을 파악할 수 있는 지표인데, 한 나라 안에서 일정 기간 동안 새로 생산된 최종 생산물의 가치를 모두 합산한 것이다. GDP를 계산할 때는 총 생산물의 가치에서 중간생산물의 가치를 빼는데, 그 결과는 최종 생산물의 가치의 총합과 동일하다. 다만 GDP를 산출할 때는 그해에 새로 생산된 재화와 서비스 중 화폐로 매매된 것만 계산에 포함하고, 화폐로 매매되지 않은 것은 포함하지 않는다.

그런데 상품 판매 가격은 물가 변동에 따라 오르내리기 때문에 GDP를 집계 당시의 상품 판매 가격으로 산출하면 그 결과는 물가 변동의 영향을 그대로 받는다. 올해에 작년과 똑같은 수준으로 재화를 생산하고 판매했더라도 올해 물가 변동에 따라 상품 판매 가격이 크게 올랐다면 올해 GDP는 가격 상승분만큼 부풀려져 작년 GDP보다 커진다.

이런 까닭으로 올해 GDP가 작년 GDP보다 커졌다 하더라도 생산 수준이 작년보다 실질적으로 올랐다고 볼 수는 없다. 심지어 GDP가 작년보다 커졌더라도 실질적으로 생산 수준이 떨어졌을 수도 있는 것이다.

그래서 실질적인 생산 수준을 판단할 수 있는 GDP를 산출할 필요가 있다. 그러자면 먼저 어느 해를 기준 시점으로 정해 놓고, 산출하고자 하는 해의 가격을 기준 시점의 물가 수준으로 환산해 GDP를 산출하면 된다. 기준 시점의 물가 수준으로 환산해 산출한 GDP를 '실질 GDP'라고 하고, 기준 시점의 물가 수준으로 환산하지 않은 GDP를 실질 GDP와 구분하기 위해 '명목 GDP'라고 부르기도 한다. 예를 들어 기준 시점을 1995년으로 하여 2000년의 실질 GDP를 생각해 보자. 1995년에는 물가 수준이 100이었고 명목 GDP는 3천 원이며, 2000년에는 물가 수준은 200이고 명목 GDP는 6천 원이라고 가정하자. 이 경우 명목 GDP는 3천 원에서 6천 원으로 늘었지만, 물가 수준 역시 두 배로 올랐으므로 결국 실질 GDP는 동일하다.

경제가 실질적으로 얼마나 성장했는지 알려면 실질 GDP의 추이를 보는 것이 효과적이므로 실질 GDP는 경제성장률을 나타내는 공식 경제지표로 활용되고 있다. 금년도의 경제성장률은 아래와 같은 식으로 산출할 수 있다.

$$경제성장률 = \frac{금년도\ 실질GDP - 전년도\ 실질GDP}{전년도\ 실질GDP} \times 100(\%)$$

경제지표 중 GDP만큼 중요한 'GNI(국민총소득)'라는 것도 있다. GNI는 GDP에 외국과 거래하는 교역 조건의 변화로 생기는 실질적 무역 손익을 합산해 집계한다. 그렇다면 ㉠GDP가 있는데도 GNI를 따로 만들어 쓰는 이유는 무엇일까? 만약 수입 상품 단가가 수출 상품 단가보다 올라 대외 교역 조건이 나빠지면 전보다 많은 재화를 생산·수출하고도 제품·부품 수입 비용이 증가하여 무역 손실이 발생할 수도 있다. 이때 GDP는 무역 손실에 따른 실질 소득의 감소를 제대로 반영하지 못하기 때문에 GNI가 필요한 것이다. 결국 GDP가 국민경제의 크기와 생산 능력을 나타내는 데 중점을 두는 지표라면 GNI는 국민경제의 소득 수준과 소비 능력을 나타내는 데 중점을 두는 지표라고 할 수 있다.

---

8. 위의 설명과 일치하지 않는 것은?

① 상품 판매 가격은 물가 변동의 영향을 받는다.

② GDP는 최종 생산물의 가치의 총합으로 계산할 수 있다.

③ 화폐로 매매되지 않은 것은 GDP 계산에 넣지 않는다.

④ 새로 생산된 재화와 서비스만이 GDP 계산의 대상이 된다.

⑤ GDP는 총 생산물 가치에 중간생산물 가치를 포함하여 산출한다.

---

9. 위의 설명을 참고하여 다음 상황을 분석한 것으로 적절하지 않은 것은?

아래의 표는 최종 생산물인 X재와 Y재 두 재화만을 생산하는 A국의 연도별 생산액과 물가 수준이다.

	2010년	2011년	2012년
X재의 생산액	2,000원	3,000원	4,000원
Y재의 생산액	5,000원	11,000원	17,000원
물가 수준	100	200	300

※ 기준 연도는 2010년으로 한다.
※ 기준 연도의 실질 GDP는 명목 GDP와 동일한 것으로 간주한다.

① 2012년도의 '명목 GDP'를 산출하면 21,000원이군.

② 2012년도의 '명목 GDP'는 2010년도 대비 3배 늘었군.

③ 2011년도의 '실질 GDP'를 산출하면 7,000원이군.

④ 2012년도는 2010년도보다 실질적으로 생산 수준이 올랐군.

⑤ 2011년도의 경제성장률은 0%이군.

---

10. ㉠에 대해 문의를 받았을 때, 답변으로 가장 적절한 것은?

① 국가의 총생산 능력을 정확히 재기 위해

② 생산한 재화의 총량을 정확히 재기 위해

③ 생산한 재화의 수출량을 정확히 재기 위해

④ 국가 간의 물가 수준의 차이를 정확히 재기 위해

⑤ 무역 손익에 따른 실질 소득의 증감을 정확히 재기 위해

11. 어느 지도에서 $\frac{1}{2}$ cm는 실제로는 5km가 된다고 할 때 지도상 $1\frac{3}{4}$ cm는 실제로 얼마나 되는가?

① 12.5km ② 15km

③ 17.5km ④ 20km

⑤ 22.5km

12. 다음은 우리나라의 대(對) 이슬람 국가 식품 수출 현황을 나타낸 표이다. 2012년 대비 2013년의 농산물 물량의 증감률은 약 몇 %인가?

(단위 : 천 톤, 천 달러, %)

구분	2011년 금액	2012년 물량	2012년 금액	2013년 물량	2013년 금액	증감률 물량	증감률 금액
식품	719.1	235.5	721.3	226.9	598.9		-17.0
농산물	709.7	232.6	692.3	223.5	579.5		-16.3
축산물	9.4	2.9	29	3.4	19.4		-33.1

① 약 -3.1% ② 약 -3.3%

③ 약 -3.5% ④ 약 -3.7%

⑤ 약 -3.9%

13. 다음은 우리나라 1차 에너지 소비량 자료이다. 자료 분석 결과로 옳은 것은?

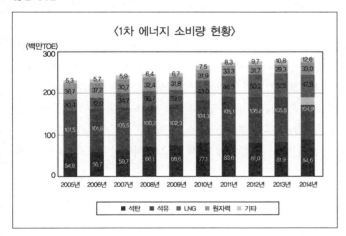

① 석유 소비량이 나머지 에너지 소비량의 합보다 많다.

② 석탄 소비량이 완만한 하락세를 보이고 있다.

③ 기타 에너지 소비량이 지속적으로 감소하는 추세이다.

④ 원자력 소비량은 증감을 거듭하고 있다.

⑤ 최근 LNG 소비량의 증가 추세는 그 정도가 심화되었다.

14. 다음 표에 대한 설명으로 옳지 않은 것은?

〈표 1〉 국내 통화량 변화 추이

(단위 : 조원, %)

구분	2007년	2008년	2009년	2010년	2011년	2012년	2013년	2014년
본원통화 (증가율)	56.4 (8.7)	64.8 (14.9)	67.8 (4.6)	74.5 (9.9)	80.1 (7.5)	88.3 (10.2)	104.3 (18.1)	106.2 (1.8)
M1 (증가율)	316.4 (-14.7)	330.6 (4.5)	389.4 (17.8)	427.8 (9.9)	442.1 (3.3)	470.0 (6.3)	515.6 (9.7)	531.3 (3.0)
M2 (증가율)	1,273 (10.8)	1,425 (12.0)	1,566 (9.9)	1,660 (6.0)	1,751 (5.5)	1,835 (4.8)	1,920 (4.6)	2,016 (5.0)
통화승수	22.6	22.0	23.1	22.3	21.9	20.8	18.4	19.0
GDP 대비 M2	122.1	129.1	136.1	131.2	131.4	133.3	134.5	138.7

〈표 2〉 국내 외국인투자 변동 추이

(단위 : 억 달러, %)

구분	2007년	2008년	2009년	2010년	2011년	2012년	2013년	2014년
외인투자	7,824	6,065	7,302	8,282	8,405	9,554	9,967	10,519
직접투자 (비중)	1,219 (15.6)	947.2 (15.6)	1,219 (16.7)	1,355 (16.4)	1,351 (16.1)	1,578 (16.5)	1,745 (17.5)	1,811 (17.2)
증권투자 (비중)	4,566 (58.4)	2,521 (41.6)	3,915 (53.6)	4,891 (59.1)	4,770 (56.8)	5,781 (60.5)	6,160 (61.8)	6,471 (61.5)
파생금융상품 (비중)	49.1 (0.6)	753.2 (12.4)	326.0 (4.5)	273.6 (3.3)	290.7 (3.5)	309.1 (3.2)	261.8 (2.6)	246.6 (2.3)
GDP 대비 외인투자 비중	69.7	60.6	80.9	75.7	69.9	78.2	76.4	79.2

① 2014년 M2(광의통화)는 전년 대비 약 5.0% 증가하였다.

② 2014년 국내 외국인투자 규모는 전년 대비 약 5.5% 상승하였다.

③ 2014년 M1(협의통화)은 전년 대비 약 3.0% 증가하였다.

④ 글로벌 금융위기(2008년) 이후 국내 외국인투자 규모는 꾸준한 상승 추세를 유지하고 있다.

⑤ 2014년 GDP 대비 M2의 비율은 2007년에 비해 13.6%p 상승하였다.

다음은 ELD 상품설명서의 일부이다. 물음에 답하시오.

〈거래조건〉

구분		금리
적용금리	모집기간 중	큰 만족 실세예금 1년 고시금리
	계약기간 중 중도해지	없음
	만기 후	원금의 연 0.10%
중도해지 수수료율 (원금기준)	예치기간 3개월 미만	• 개인 원금의 0.38% • 법인 원금의 0.38%
	예치기간 3개월 이상~6개월 미만	• 개인 원금의 0.29% • 법인 원금의 0.30%
	예치기간 6개월 이상~9개월 미만	• 개인 원금의 0.12% • 법인 원금의 0.16%
	예치기간 9개월 이상~12개월 미만	원금의 0.00%
이자지급 방식	만기일시지급식	
계약의 해지	영업점에서 해지 가능	

〈유의사항〉

• 예금의 원금보장은 만기 해지 시에만 적용된다.
• 이 예금은 분할해지 할 수 없으며 중도해지 시 중도해지수수료 적용으로 원금손실이 발생할 수 있다. (중도해지수수료는 '가입금액×중도해지수수료율'에 의해 결정)
• 이 예금은 예금기간 중 지수가 목표지수변동률을 넘어서 지급금리가 확정되더라도 이자는 만기에만 지급한다.
• 지수상승에 따른 수익률(세전)은 실제 지수상승률에도 불구하고 연 4.67%를 최대로 한다.

15. 석준이는 개인이름으로 최초 500만 원의 원금을 가지고 이 상품에 가입했다가 불가피한 사정으로 5개월 만에 중도해지를 했다. 이때 석준이의 중도해지 수수료는 얼마인가?

① 6,000원
② 8,000원
③ 14,500원
④ 15,000원
⑤ 19,000원

16. 상원이가 이 예금에 가입한 후 증시 호재로 인해 지수가 약 29% 상승하였다. 이 경우 상원이의 최대 수익률은 연 몇 %인가? (단, 수익률은 세전으로 한다)

① 연 1.35%
② 연 4.67%
③ 연 14.5%
④ 연 21%
⑤ 연 29%

17. 다음은 최근 4년간 산업부문별 부가가치유발계수를 나타낸 표이다. 표에 대한 설명으로 옳지 않은 것은?

구분	2012년	2013년	2014년	2015년
전 부문 평균	0.703	0.679	0.673	0.687
농업	0.796	0.786	0.773	0.777
화학제품 제조업	0.492	0.460	0.448	0.478
기계 및 장비 제조업	0.642	0.613	0.618	0.646
전기 및 전자기기 제조업	0.543	0.495	0.511	0.524
건설업	0.717	0.695	0.696	0.714
음식점 및 숙박업	0.761	0.734	0.733	0.751
정보통신 및 방송업	0.800	0.786	0.781	0.792
금융 및 보험업	0.848	0.843	0.827	0.835

※ 부가가치유발계수란 최종 수요가 한 단위 발생할 경우 국민경제 전체에서 직·간접으로 유발되는 부가가치 단위를 보여주는 계수를 말한다.

① 농업의 부가가치유발계수는 최근 4년간 꾸준히 소폭 하락하고 있다.
② 최근 4년 동안 농업의 부가가치유발계수는 정보통신 및 방송업, 금융 및 보험업의 그것을 제외하고 가장 높은 수치를 나타냈다.
③ 2015년 농업의 부가가치유발계수가 0.777이라는 것은 국산 농산물에 대한 최종 수요가 1,000원 발생할 경우 국가 전체적으로 777원의 부가가치를 발생시켰음을 의미한다.
④ 농업은 최근 4년간 꾸준히 부가가치유발계수가 전 산업부문 평균 대비 높은 수준을 보였다.
⑤ 농업은 다른 산업에 비해 부가가치유발계수가 높은 편에 속한다.

18. 제시된 자료는 ○○병원 직원의 병원비 지원에 대한 내용이다. 다음 중 A~D 직원 4명의 총 병원비 지원 금액은 얼마인가?

병원비 지원 기준

■ 임직원 본인의 수술비 및 입원비 : 100% 지원
■ 임직원 가족의 수술비 및 입원비
• 임직원의 배우자 : 90% 지원
• 임직원의 직계 존·비속 : 80%
• 임직원의 형제 및 자매 : 50%(단, 직계 존·비속 지원이 우선되며, 해당 신청이 없을 경우에 한하여 지급한다.)
• 병원비 지원 신청은 본인 포함 최대 3인에 한한다.

병원비 신청 내역

A 직원	본인 수술비 300만 원, 배우자 입원비 50만 원
B 직원	배우자 입원비 50만 원, 딸 수술비 200만 원
C 직원	본인 수술비 300만 원, 아들 수술비 400만 원
D 직원	본인 입원비 100만 원, 어머니 수술비 100만 원, 남동생 입원비 50만 원

① 1,200만 원
② 1,250만 원
③ 1,300만 원
④ 1,350만 원
⑤ 1,400만 원

19. 다음 〈표〉는 2002년부터 2006년까지 K은행이 미국, 호주와 유럽에 투자한 금융자산과 환율을 나타낸 자료이다. 〈표〉를 정리한 것 중 옳지 않은 것은?

〈표1〉 지역별 금융자산 투자규모

지역 연도	미국(억 US$)	호주(억 AU$)	유럽(억 €)
2002	80	70	70
2003	100	65	75
2004	105	60	85
2005	120	80	90
2006	110	85	100

〈표2〉 외국 통화에 대한 환율

환율 연도	₩/US$	₩/AU$	₩/€
2002	1,000	900	800
2003	950	950	850
2004	900	1,000	900
2005	850	950	1,100
2006	900	1,000	1,000

※ ₩/US$는 1미국달러당 원화, ₩/AU$는 1호주달러당 원화, ₩/€는 1유로당 원화

① AU$/US$의 변화 추이

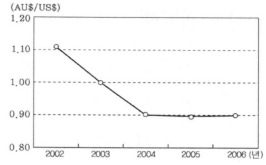

(AU$/US$)

② 원화로 환산한 대호주 금융자산 투자규모 추이

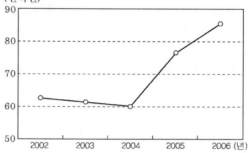

(천억 원)

③ 원화로 환산한 2006년 각 지역별 금융자산 투자비중

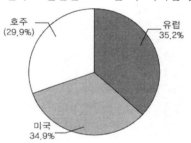

호주 (29.9%), 유럽 35.2%, 미국 34.9%

④ 원화로 환산한 대미 금융자산 투자규모 추이

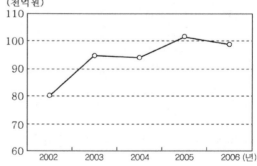

(천억 원)

⑤ €/AU$의 변화 추이

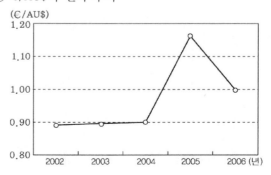

(€/AU$)

20. 다음 〈그림〉은 A주식에 대한 1~5거래일 동안의 주가자료이다. 이에 대한 〈보기〉의 설명 중 옳은 것을 모두 고르면?

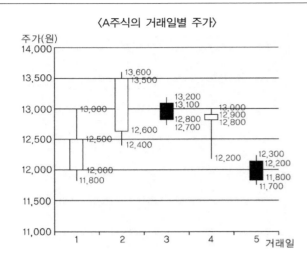

〈A주식의 거래일별 주가〉

1) 시가, 고가, 저가, 종가의 표기 방법

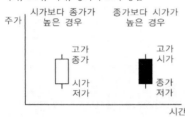

2) 시가 : 주식 거래일의 시작 시점 주가
3) 종가 : 주식 거래일의 마지막 시점 주가
4) 고가 : 주식 거래일의 최고 주가
5) 저가 : 주식 거래일의 최저 주가
6) 주식 거래 수수료 및 세금 등의 제반 비용은 없는 것으로 가정함.
7) 수익률(%) = $\dfrac{\text{매도 시점의 주가} - \text{매입 시점의 주가}}{\text{매입 시점의 주가}} \times 100$

ㄱ 1거래일 시가로 매입한 주식을 5거래일 종가로 매도하는 경우 2% 이상 손해를 본다.
ㄴ 1~5거래일 동안 1회의 매매를 통해 올릴 수 있는 최대수익률은 15% 이상이다.
ㄷ 3거래일 종가로 매입한 주식을 4거래일 종가로 매도하는 경우 수익률은 1% 이상이다.
ㄹ 1~5거래일 동안 시가의 최댓값과 최솟값의 차이는 1,100원이다.

① ㄱ, ㄴ 　　　　② ㄱ, ㄷ

③ ㄴ, ㄷ 　　　　④ ㄴ, ㄹ

⑤ ㄷ, ㄹ

---

21. 고 대리, 윤 대리, 염 사원, 서 사원 중 1명은 갑작스런 회사의 사정으로 인해 오늘 당직을 서야 한다. 이들은 논의를 통해 당직자를 결정하였으나, 동료인 최 대리에게 다음 〈보기〉와 같이 말하였고, 이 중 1명만이 진실을 말하고, 3명은 거짓말을 하였다. 당직을 서게 될 사람과 진실을 말한 사람을 순서대로 알맞게 나열한 것은 어느 것인가?

〈보기〉
고 대리 : "윤 대리가 당직을 서겠다고 했어."
윤 대리 : "고 대리는 지금 거짓말을 하고 있어."
염 사원 : "저는 오늘 당직을 서지 않습니다, 최 대리님."
서 사원 : "당직을 서는 사람은 윤 대리님입니다."

① 고 대리, 서 사원
② 염 사원, 고 대리
③ 서 사원, 윤 대리
④ 염 사원, 윤 대리
⑤ 서 사원, 염 사원

---

22. 다음 제시된 조건을 보고, 만일 영호와 옥숙을 같은 날 보낼 수 없다면, 목요일에 보내야 하는 남녀사원은 누구인가?

영업부의 박 부장은 월요일부터 목요일까지 매일 남녀 각한 명씩 두 사람을 회사 홍보 행사 담당자로 보내야 한다. 영업부에는 현재 남자 사원 4명(길호, 철호, 영호, 치호)과 여자 사원 4명(영숙, 옥숙, 지숙, 미숙)이 근무하고 있으며, 다음과 같은 제약 사항이 있다.

㉠ 매일 다른 사람을 보내야 한다.
㉡ 치호는 철호 이전에 보내야 한다.
㉢ 옥숙은 수요일에 보낼 수 없다.
㉣ 철호와 영숙은 같이 보낼 수 없다.
㉤ 영숙은 지숙과 미숙 이후에 보내야 한다.
㉥ 치호는 영호보다 앞서 보내야 한다.
㉦ 옥숙은 지숙 이후에 보내야 한다.
㉧ 길호는 철호를 보낸 바로 다음 날 보내야 한다.

① 길호와 영숙 　　② 영호와 영숙
③ 치호와 옥숙 　　④ 길호와 옥숙
⑤ 영호와 미숙

23. 다음에 주어진 조건이 모두 참일 때 옳은 결론을 고르면?

- 모든 A는 B다.
- 모든 B는 C이다.
- 어떤 D는 B다.
- 어떠한 E도 B가 아니다.

A : 모든 A는 C다.
B : 어떤 C는 B다.

① A만 옳다.

② B만 옳다.

③ A와 B 모두 옳다.

④ A와 B 모두 그르다.

⑤ A와 B 모두 옳은지 그른지 알 수 없다.

24. 다음은 신입사원 이○○이 작성한 '최근 국내외 여러 상품의 가격 변화 조사 보고서'의 일부이다. 보고서에서 ⑺~⒟에 들어갈 말이 바르게 짝지어진 것은?

〈최근 국내외 여러 상품의 가격 변화 조사 보고서〉

작성자 : 이○○

※ 고려 사항
- 옥수수와 밀의 경작지 면적은 한정되어 있다.
- 옥수수는 바이오 에탄올 생산에 사용된다.
- 밀가루는 라면의 주원료이다.
- 바이오 에탄올은 원유의 대체 에너지로 사용된다.

※ 상품 가격의 변화

	⑺	⑻	⒟
①	상승	상승	상승
②	상승	상승	하락
③	하락	상승	하락
④	하락	하락	상승
⑤	불변	하락	불변

▌25~26▌ H공사 홍보팀에 근무하는 이 대리는 사내 홍보 행사를 위해 행사 관련 준비를 진행하고 있다. 다음을 바탕으로 물음에 답하시오.

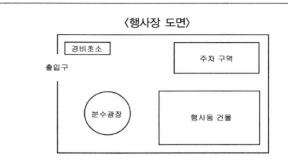

〈행사 장소〉
행사동 건물 1층 회의실

〈추가 예상 비용〉
- 금연 표지판 설치
  - 단독 입식 : 45,000원
  - 게시판 : 120,000원
- 쓰레기통 설치
  - 단독 설치 : 25,000원/개
  - 벤치 2개 + 쓰레기통 1개 : 155,000원
- 안내 팸플릿 제작

구분	단면	양면
2도 인쇄	5,000원/100장	10,000원/100장
5도 인쇄	1,300원/100장	25,000원/100장

25. 행사를 위해 홍보팀에서 추가로 설치해야 할 물품이 다음과 같을 때, 추가 물품 설치에 필요한 비용은 총 얼마인가?

- 금연 표지판 설치
  - 분수대 후면 1곳
  - 주차 구역과 경비초소 주변 각 1곳
  - 행사동 건물 입구 1곳
    ※ 실외는 게시판 형태로 설치하고 행사장 입구에는 단독 입식 형태로 설치
- 쓰레기통
  - 분수광장 금연 표지판 옆 1곳
  - 주차 구역과 경비초소 주변 각 1곳
    ※ 분수광장 쓰레기통은 벤치와 함께 설치

① 550,000원

② 585,000원

③ 600,000원

④ 610,000원

⑤ 625,000원

26. 이 대리는 추가 비용을 정리하여 팀장에게 보고하였다. 이를 검토한 팀장은 다음과 같이 별도의 지시사항을 전달하였다. 팀장의 지시사항에 따른 팸플릿의 총 인쇄에 소요되는 비용은 얼마인가?

> "이 대리, 아무래도 팸플릿을 별도로 준비하는 게 좋겠어. 한 800명 정도 참석할 거 같으니 인원수대로 준비하고 2도 단면과 5도 양면 인쇄를 반씩 섞도록 하게."

① 98,000원

② 99,000원

③ 100,000원

④ 110,000원

⑤ 120,000원

27. 다음은 산업안전관리법에 따른 안전관리자 선임 기준을 나타낸 자료이다. 다음 기준에 근거하여 안전관리자 선임 조치가 법을 위반하지 않은 경우를 〈보기〉에서 모두 고르면? (단, 언급된 모든 공사는 상시 근로자 600명 미만의 건설업이라고 가정한다.)

안전관리자(산업안전관리법 제15조)
가. 정의
－사업장내 산업안전에 관한 기술적인 사항에 대하여 사업주와 관리책임자를 보좌하고 관리감독자에게 지도·조언을 하는 자.
나. 안전관리자 선임 대상
－공사금액 120억 원(토목공사 150억 원) 이상인 건설현장
다. 안전관리자 자격 및 선임 방법
1) 안전관리자의 자격(다음 중 어느 하나에 해당하는 자격 취득 자)
① 법 제52조의2 제1항의 규정에 의한 산업안전지도사
② 국가기술자격법에 의한 산업안전산업기사 이상의 자격 취득 자
③ 국가기술자격법에 의한 건설안전산업기사 이상의 자격 취득 자
④ 고등교육법에 의한 전문대학 이상의 학교에서 산업안전 관련학과를 전공하고 졸업한 자
⑤ 건설현장에서 안전보건관리책임자로 10년 이상 재직한 자 등
2) 안전관리자 선임 방법
① 공사금액 120억 원(토목공사 150억 원) 이상 800억 원 미만 : 안전관리자 유자격자 1명 전담 선임
② 공사금액 800억 원 이상 : 2명(800억 원을 기준으로 700억 원이 증가할 때마다 1명씩 추가)

[총 공사금액 800억 원 이상일 경우 안전관리자 선임 방법]
1. 전체 공사기간을 100으로 하여 공사 시작에서 15에 해당하는 기간
→건설안전기사, 건설안전산업기사, 건설업 안전관리자 경험자 중 건설업 안전관리자 경력이 3년 이상인 사람 1명 포함 선임
2. 전체 공사기간을 100으로 하여 공사 시작 15에서 공사 종료 전의 15까지에 해당하는 기간
→공사금액 800억 원을 기준으로 700억 원이 증가할 때마다 1명씩 추가
3. 전체 공사기간을 100으로 하여 공사 종료 전의 15에 해당하는 기간
→건설안전기사, 건설안전산업기사, 건설업 안전관리자 경험자 중 건설업 안전관리자 경력이 3년 이상인 사람 1명 포함 선임
※ 공사기간 5년 이상의 장기계속공사로서 공사금액이 800억 원 이상인 경우에도 상시 근로자 수가 600명 미만일 때 회계연도를 기준으로 그 회계연도의 공사금액이 전체 공사금액의 5퍼센트 미만인 기간에는 전체 공사금액에 따라 선임하여야 할 안전관리자 수에서 1명을 줄여 선임 가능(건설안전기사, 건설안전산업기사, 건설업 안전관리자 자격자 중 건설업 안전관리자 경력이 3년 이상인 사람 1명 포함)
※ 유해·위험방지계획서 제출대상으로서 선임하여야 할 안전관리자의 수가 3명 이상인 사업장의 경우 건설안전기술사(건설안전기사 또는 산업안전기사의 자격을 취득한 사람으로서 10년 이상 건설안전 업무를 수행한 사람이거나 건설안전산업기사 또는 산업안전산업기사의 자격을 취득한 사람으로서 13년 이상 건설안전 업무를 수행한 사람을 포함) 자격을 취득한 사람 1명 포함

〈보기〉
㉮ A공사는 토목공사 130억 원 규모이며 별도의 안전관리자를 선임하지 않았다.
㉯ B공사는 일반공사 150억 원 규모이며 자격증이 없는 산업안전 관련학과 전공자를 1명 선임하였다.
㉰ C공사는 1,500억 원 규모이며 공사 기간 내내 산업안전산업기사 자격증 취득 자 1명, 건설현장에서 안전보건관리책임자 12년 경력자 1명, 2년 전 건설안전산업기사 자격증 취득 자 1명 등 3명을 안전관리자로 선임하였다.
㉱ D공사는 6년에 걸친 1,600억 원 규모의 장기계속공사이며 1년 차에 100억 원 규모의 공사가 진행될 예정이므로 산업안전지도사 자격증 취득자와 산업안전산업기사 자격증 취득 자 각 1명씩을 안전관리자로 선임하였다.

① ㉮, ㉰　　　　② ㉯, ㉱

③ ㉰, ㉱　　　　④ ㉮, ㉯

⑤ ㉯, ㉰

28. 다음 운송비 표를 참고할 때, 박스의 규격이 28 × 10 × 10(inch)인 실제 무게 18파운드짜리 솜 인형을 배송할 경우, A배송사에서 적용하는 운송비는 얼마인가? (1inch = 2.54cm이며, 물품의 무게는 반올림하여 정수로 표시한다. 물품의 무게 이외의 다른 사항은 고려하지 않는다.)

항공 배송의 경우, 비행기 안에 많은 공간을 차지하게 되는 물품은 그렇지 않은 물품을 적재할 때보다 비용 면에서 항공사 측에 손해가 발생하게 된다. 비행기 안에 스티로폼 200박스를 적재하는 것과 스마트폰 2,000개를 적재하는 것을 생각해 보면 쉽게 이해할 수 있다. 이 경우 항공사 측에서는 당연히 스마트폰 2,000개를 적재하는 것이 더 경제적일 것이다. 이와 같은 문제로 거의 모든 항공 배송사에선 제품의 무게에 비해 부피가 큰 제품들은 '부피무게'를 따로 정해서 운송비를 계산하게 된다. 이때 사용하는 부피무게 측정 방식은 다음과 같다.

$$\text{부피무게(파운드)} = \frac{\text{가로(inch)} \times \text{세로(inch)} \times \text{높이(inch)}}{166}$$

A배송사는 물건의 무게에 다음과 같은 규정을 적용하여 운송비를 결정한다.
1. 실제 무게 < 부피무게 → 부피무게
2. 실제 무게 > 부피무게이지만 박스의 어느 한 변의 길이가 50cm 이상인 경우 → (실제 무게 + 부피무게) × 60%

17파운드 미만	14,000원	19~20파운드 미만	17,000원
17~18파운드 미만	15,000원	20~21파운드 미만	18,000원
18~19파운드 미만	16,000원	21~22파운드 미만	19,000원

① 15,000원

② 16,000원

③ 17,000원

④ 18,000원

⑤ 19,000원

29. N은행의 PB고객인 두환이는 대출을 받기 위해 K은행의 '우수고객 인터넷 무보증 신용대출'이란 상품을 알아봤다. 다음은 해당 상품에 대한 간략한 설명으로 두환이는 이 상품을 통해 최대 얼마까지 대출을 받을 수 있는가?

우수고객 인터넷 무보증 신용대출

1. 상품특징
   N은행 PB고객 및 가족 고객을 위한 우수고객 전용 인터넷 대출
2. 대출대상
   N은행 PB고객 및 가족 고객(탑 클래스 고객, 골드 고객, 로얄 고객)
3. 대출한도
   • PB고객(로얄 프레스티지, 로얄 아너스, 로얄 스페셜) : 최대 6,000만 원 이내
   • 탑 클래스 고객 : 최대 6,000만 원 이내
   • 골드 고객 : 최대 3,000만 원 이내
   • 로얄 고객 : 최대 2,000만 원 이내
   * 대출가능금액 산출 시 K은행 및 타 금융기관의 대출금액(신용, 담보)을 모두 차감함
4. 상환방법
   종합통장(마이너스 대출) : 1개월 이상 1년 이내(1년 단위로 연장 가능)
5. 담보 및 보증 여부
   무보증 신용

① 최대 6,000만 원 이내

② 최대 5,000만 원 이내

③ 최대 4,000만 원 이내

④ 최대 3,000만 원 이내

⑤ 최대 2,000만 원 이내

30. 甲, 乙, 丙은 서울특별시(수도권 중 과밀억제권역에 해당) ○○동 소재 3층 주택 소유자와 각 층별로 임대차 계약을 체결하고 현재 거주하고 있는 임차인들이다. 이들의 보증금은 각각 5,800만 원, 2,000만 원, 1,000만 원이다. 위 주택 전체가 경매절차에서 주택가액 8,000만 원에 매각되었고, 甲, 乙, 丙 모두 주택에 대한 경매신청 등기 전에 주택의 인도와 주민등록을 마쳤다. 乙과 丙이 담보물권자보다 우선하여 변제받을 수 있는 금액의 합은? (단, 확정일자나 경매비용은 무시한다)

제00조
① 임차인은 보증금 중 일정액을 다른 담보물권자(擔保物權者)보다 우선하여 변제받을 권리가 있다. 이 경우 임차인은 주택에 대한 경매신청의 등기 전에 주택의 인도와 주민등록을 마쳐야 한다.
② 제1항에 따라 우선변제를 받을 보증금 중 일정액의 범위는 다음 각 호의 구분에 의한 금액 이하로 한다.
　1. 수도권정비계획법에 따른 수도권 중 과밀억제권역 : 2,000만 원
　2. 광역시(군지역과 인천광역시지역은 제외) : 1,700만 원
　3. 그 밖의 지역 : 1,400만 원
③ 임차인의 보증금 중 일정액이 주택가액의 2분의 1을 초과하는 경우에는 주택가액의 2분의 1에 해당하는 금액까지만 우선변제권이 있다.
④ 하나의 주택에 임차인이 2명 이상이고 그 각 보증금 중 일정액을 모두 합한 금액이 주택가액의 2분의 1을 초과하는 경우, 그 각 보증금 중 일정액을 모두 합한 금액에 대한 각 임차인의 보증금 중 일정액의 비율로 그 주택가액의 2분의 1에 해당하는 금액을 분할한 금액을 각 임차인의 보증금 중 일정액으로 본다.
제00조
전조(前條)에 따라 우선변제를 받을 임차인은 보증금이 다음 각 호의 구분에 의한 금액 이하인 임차인으로 한다.
　1. 수도권정비계획법에 따른 수도권 중 과밀억제권역 : 6,000만 원
　2. 광역시(군지역과 인천광역시지역은 제외) : 5,000만 원
　3. 그 밖의 지역 : 4,000만 원

① 2,200만 원
② 2,300만 원
③ 2,400만 원
④ 2,500만 원
⑤ 2,600만 원

31. 다음은 농촌진흥청에서 지원하는 〈귀농인 주택시설 개선사업 개요〉와 〈심사 기초 자료〉이다. 이를 근거로 판단할 때, 지원대상 가구만을 모두 고르면?

〈귀농인 주택시설 개선사업 개요〉
▫ 사업목적 : 귀농인의 안정적인 정착을 도모하기 위해 일정 기준을 충족하는 귀농가구의 주택 개·보수 비용을 지원
▫ 신청자격 : △△군에 소재하는 귀농가구 중 거주기간이 신청마감일(2014. 4. 30.) 현재 전입일부터 6개월 이상이고, 가구주의 연령이 20세 이상 60세 이하인 가구
▫ 심사기준 및 점수 산정방식
　• 신청마감일 기준으로 다음 심사기준별 점수를 합산한다.
　• 심사기준별 점수
　　(1) 거주기간 : 10점(3년 이상), 8점(2년 이상 3년 미만), 6점(1년 이상 2년 미만), 4점(6개월 이상 1년 미만)
　　　※ 거주기간은 전입일부터 기산한다.
　　(2) 가족 수 : 10점(4명 이상), 8점(3명), 6점(2명), 4점(1명)
　　　※ 가족 수에는 가구주가 포함된 것으로 본다.
　　(3) 영농규모 : 10점(1.0ha 이상), 8점(0.5ha 이상 1.0ha 미만), 6점(0.3ha 이상 0.5ha 미만), 4점(0.3ha 미만)
　　(4) 주택노후도 : 10점(20년 이상), 8점(15년 이상 20년 미만), 6점(10년 이상 15년 미만), 4점(5년 이상 10년 미만)
　　(5) 사업시급성 : 10점(매우 시급), 7점(시급), 4점(보통)
▫ 지원내용
　• 예산액 : 5,000,000원
　• 지원액 : 가구당 2,500,000원
　• 지원대상 : 심사기준별 점수의 총점이 높은 순으로 2가구. 총점이 동점일 경우 가구주의 연령이 높은 가구를 지원. 단, 하나의 읍·면당 1가구만 지원 가능

〈심사 기초 자료(2014. 4. 30. 현재)〉

귀농가구	가구주 연령 (세)	주소지 (△△군 읍·면)	전입일	가족 수 (명)	영농규모 (ha)	주택 노후도 (년)	사업 시급성
甲	49	A	2010. 12. 30	1	0.2	17	매우 시급
乙	48	B	2013. 5. 30	3	1.0	13	매우 시급
丙	56	B	2012. 7. 30	2	0.6	23	매우 시급
丁	60	C	2013. 12. 30	4	0.4	13	시급
戊	33	D	2011. 9. 30	2	1.2	19	보통

① 甲, 乙
② 甲, 丙
③ 乙, 丙
④ 乙, 丁
⑤ 丙, 戊

32. 甲은 가격이 1,000만 원인 자동차 구매를 위해 K은행의 자동차 구매 상품인 A, B, C에 대해서 상담을 받았다. 다음 상담 내용에 따를 때, 〈보기〉에서 옳은 것을 모두 고르면? (단, 총비용으로는 은행에 내야 하는 금액과 수리비만을 고려하고, 등록비용 등 기타 비용은 고려하지 않는다)

- A상품 : 이 상품은 고객님이 자동차를 구입하여 소유권을 취득하실 때, 은행이 자동차 판매자에게 즉시 구입금액 1,000만 원을 지불해 드립니다. 그리고 그 날부터 매월 1,000만 원의 1%를 이자로 내시고, 1년이 되는 시점에 1,000만 원을 상환하시면 됩니다.
- B상품 : 이 상품은 고객님이 원하시는 자동차를 구매하여 고객님께 전달해 드리고, 고객님께서는 1년 후에 자동차 가격에 이자를 추가하여 총 1,200만 원을 상환하시면 됩니다. 자동차의 소유권은 고객님께서 1,200만 원을 상환하시는 시점에 고객님께 이전되며, 그 때까지 발생하는 모든 수리비는 저희가 부담합니다.
- C상품 : 이 상품은 고객님이 원하시는 자동차를 구매하여 고객님께 임대해 드립니다. 1년 동안 매월 90만 원의 임대료를 내시면 1년 후에 그 자동차는 고객님의 소유가 되며, 임대기간 중에 발생하는 모든 수리비는 저희가 부담합니다.

〈보기〉

ⓐ 자동차 소유권을 얻기까지 은행에 내야 하는 총금액은 A상품의 경우가 가장 적다.
ⓑ 1년 내에 사고가 발생해 50만 원의 수리비가 소요될 것으로 예상한다면 총비용 측면에서 A상품보다 B, C상품을 선택하는 것이 유리하다.
ⓒ 최대한 빨리 자동차 소유권을 얻고 싶다면 A상품을 선택하는 것이 가장 유리하다.
ⓓ 사고 여부와 관계없이 자동차 소유권 취득 시까지의 총비용 측면에서 B상품보다 C상품을 선택하는 것이 유리하다.

① ㉠, ㉡
② ㉡, ㉢
③ ㉢, ㉣
④ ㉠, ㉡, ㉣
⑤ ㉠, ㉢, ㉣

33. 다음은 A카페의 커피 판매정보에 대한 자료이다. 한 잔만을 더 판매하고 영업을 종료한다고 할 때, 총이익이 정확히 64,000원이 되기 위해서 판매해야 하는 메뉴는?

(단위 : 원, 잔)

구분\메뉴	판매가격 (1잔)	현재까지 판매량	원두 (200)	우유 (300)	바닐라 (100)	초코 (150)	캐러멜 (250)
아메리카노	3,000	5	○	×	×	×	×
카페라떼	3,500	3	○	○	×	×	×
바닐라라떼	4,000	3	○	○	○	×	×
카페모카	4,000	2	○	○	×	○	×
캐러멜라떼	4,300	6	○	○	×	×	○

※ 메뉴별 이익＝(메뉴별 판매가격－메뉴별 재료비) × 메뉴별 판매량
※ 총이익은 메뉴별 이익의 합이며, 다른 비용은 고려하지 않음.
※ A카페는 5가지 메뉴만을 판매하며, 메뉴별 1잔 판매가격과 재료비는 변동 없음.
※ ○ : 해당 재료 한 번 사용, × : 해당 재료 사용하지 않음.

① 아메리카노
② 카페라떼
③ 바닐라라떼
④ 카페모카
⑤ 캐러멜라떼

34. 1개당 5만 원, B는 1개당 2만 원의 이익이 생기고, 두 제품 A, B를 총 50개 생산한다고 할 때, 이익을 최대로 하려면 제품 A는 몇 개를 생산해야 하는가?

제품	A제품	B제품	하루 사용 제한량
전력(kWh)	50	20	1,600
연료(L)	3	5	240

① 16개
② 18개
③ 20개
④ 24개
⑤ 26개

35. 회계팀에서 업무를 시작하게 된 길동이는 각종 내역의 비용이 어느 항목으로 분류되어야 하는지 정리 작업을 하고 있다. 다음 중 길동이가 나머지와 다른 비용으로 분류해야 하는 것은?

① 구매부 자재 대금으로 지불한 U$7,000
② 상반기 건물 임대료 및 관리비
③ 임직원 급여
④ 계약 체결을 위한 영업부 직원 출장비
⑤ 컴프레셔 구매 대금 1,200만원

36. 다음 (가)~(라)에 제시된 자원관리의 기본 과정들을 순서에 맞게 재배열한 것은?

(가) 확보된 자원을 활용하여 계획에 맞는 업무를 수행해 나가야 한다. 물론 계획에 얽매일 필요는 없지만 최대한 계획대로 수행하는 것이 바람직하다. 불가피하게 수정해야 하는 경우는 전체 계획에 미칠 수 있는 영향을 고려하여야 할 것이다.

(나) 자원을 실제 필요한 업무에 할당하여 계획을 세워야 한다. 여기에서 중요한 것은 업무나 활동의 우선순위를 고려하는 것이다. 최종적인 목적을 이루는 데 가장 핵심이 되는 것에 우선순위를 두고 계획을 세울 필요가 있다. 만약, 확보한 자원이 실제 활동 추진에 비해 부족할 경우 우선순위가 높은 것에 중심을 두고 계획하는 것이 바람직하다.

(다) 실제 상황에서 그 자원을 확보하여야 한다. 수집 시 가능하다면 필요한 양보다 좀 더 여유 있게 확보할 필요가 있다. 실제 준비나 활동을 하는 데 있어서 계획과 차이를 보이는 경우가 빈번하기 때문에 여유 있게 확보하는 것이 안전할 것이다.

(라) 업무를 추진하는 데 있어서 어떤 자원이 필요하며, 또 얼마만큼 필요한지를 파악하는 단계이다. 자원의 종류에는 크게 시간, 예산, 물적자원, 인적자원으로 나누어지지만 실제 업무 수행에서는 이보다 더 구체적으로 나눌 필요가 있다. 구체적으로 어떤 활동을 할 것이며, 이 활동에 어느 정도의 시간, 돈, 물적·인적자원이 필요한지를 파악한다.

① (다) - (라) - (나) - (가)
② (라) - (다) - (가) - (나)
③ (가) - (다) - (나) - (라)
④ (라) - (나) - (다) - (가)
⑤ (라) - (다) - (나) - (가)

37. 다음은 N손해보험에서 화재손해 발생 시 지급 보험금 산정방법과 피보험물건(A~E)의 보험금액 및 보험가액을 나타낸 자료이다. 화재로 입은 손해액이 A~E 모두 6천만 원으로 동일할 때, 지급 보험금이 많은 것부터 순서대로 나열하면?

〈표1〉 지급 보험금 산정방법

피보험물건 유형	조건	지급 보험금
일반물건, 창고물건, 주택	보험금액 ≥ 보험가액의 80%	손해액 전액
	보험금액 < 보험가액의 80%	손해액 × $\dfrac{보험금액}{보험가액의\ 80\%}$
공장물건, 동산	보험금액 ≥ 보험가액	손해액 전액
	보험금액 < 보험가액	손해액 × $\dfrac{보험금액}{보험가액}$

1) 보험금액 : 보험사고가 발생한 때에 보험회사가 피보험자에게 지급해야 하는 금액의 최고한도

2) 보험가액 : 보험사고가 발생한 때에 피보험자에게 발생 가능한 손해액의 최고한도

〈표2〉 피보험물건의 보험금액 및 보험가액

피보험물건	피보험물건 유형	보험금액	보험가액
A	주택	9천만 원	1억 원
B	일반물건	6천만 원	8천만 원
C	창고물건	7천만 원	1억 원
D	공장물건	9천만 원	1억 원
E	동산	6천만 원	7천만 원

① A - B - D - C - E
② A - D - B - E - C
③ B - A - C - D - E
④ B - D - A - C - E
⑤ D - B - A - E - C

38. 다음 N은행의 금(金) 관련 금융상품만을 고려할 때 옳지 않은 것은?

A상품 : 2011년 12월 30일에 금 1g 가격(P)이 50,000원 이상이면 N은행은 (P-50,000)원을 A상품 가입자에게 지급하고, 반대의 경우는 A상품 가입자가 (50,000-P)원을 K은행에 납부하는 상품

B상품 : 2011년 12월 30일에 금 1g 가격(P)이 50,000원 이하이면 N은행은 (50,000-P)원을 B상품 가입자에게 지급하고, 반대의 경우는 B상품 가입자가 (P-50,000)원을 N은행에 납부하는 상품

C상품 : 2011년 12월 30일에 금 1g 가격(P)이 50,000원 이상일 경우, 1,000원을 내고 C상품에 가입한 가입자에게 N은행이 (P-50,000)원을 지급하는 상품

D상품 : 2011년 12월 30일에 금 1g 가격(P)이 50,000원 이하일 경우, 1,000원을 내고 D상품에 가입한 가입자에게 N은행이 (50,000-P)원을 지급하는 상품

※ 오늘(2011.2.25) 금 1g의 가격은 50,000원(변동 없음)이고 모든 금융상품은 오늘부터 2011년 12월 29일까지만 가입이 허용된다.
※ 금 가격은 N은행의 영업시작시간 이전에 하루 한 번 변동된다.
※ 이외의 다른 비용은 고려하지 않는다.

① A상품에 가입하는 것은 오늘 금 1g을 샀다가 2011년 12월 30일에 파는 것과 수익이 동일하다.
② 2011년 12월 30일에 금 가격이 50,000원 이상일 것이라고 확신한다면, C상품보다는 A상품에 가입할 것이다.
③ 오늘 B상품에 가입하면서 금 1g을 사고 2011년 12월 30일에 이를 판매한다면, 금 시세와 무관하게 50,000원을 받을 수 있다.
④ C상품과 D상품에 동시에 가입한다면, 2011년 12월 30일에 금 가격과 무관하게 손해를 보지 않는다.
⑤ 오늘 금 1g을 구매하고 D상품에 가입한다면, 2011년 12월 30일에 손해는 최대 1,000원을 넘지 않는다.

39. 근로자의 근로 여건에 대한 다음 자료를 바탕으로 〈보기〉에서 옳은 것을 모두 고르면?

〈근로자 근로시간 및 임금〉
(단위 : 일, 시간, 천 원)

구분	2014	2015	2016	2017
근로일수	21.3	21.1	20.9	21.1
근로시간	179.9	178.1	177.1	178.4
임금총액	3,178	3,299	3,378	3,490

〈보기〉
㈎ 1일 평균 근로시간은 2016년이 가장 많다.
㈏ 1일 평균 임금총액은 매년 증가하였다.
㈐ 1시간 당 평균 임금총액은 매년 증가하였다.
㈑ 근로시간이 더 많은 해에는 임금총액도 더 많다.

① ㈎, ㈏　　　　　② ㈏, ㈐
③ ㈐, ㈑　　　　　④ ㈎, ㈏, ㈐
⑤ ㈏, ㈐, ㈑

40. 다음은 시관 관리의 방법으로 효과적인 매트릭스의 사례이다. 시간 관리 매트릭스에 의해 시간을 관리하였을 때 얻을 수 있는 효과로 가장 적절하지 않은 것은?

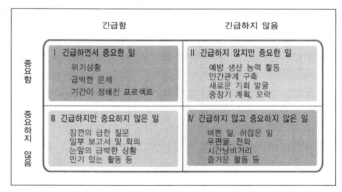

① 스트레스가 감소될 수 있다.
② 균형적인 삶이 가능하다.
③ 생산성이 향상된다.
④ 원하는 목표를 성취하기 수월해진다.
⑤ 처음 계획보다 더 많은 일을 수행하게 된다.

41. 다음 중 아래 시트에서 수식 ‘=MOD(A3:A4)’의 값과 수식 ‘=MODE(A1:A9)’의 값으로 바르게 나열한 것은?

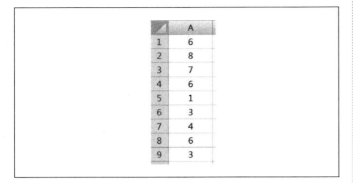

① 1, 3

② 1, 6

③ 1, 8

④ 2, 3

⑤ 2, 6

42. 다음의 알고리즘에서 인쇄되는 S는?

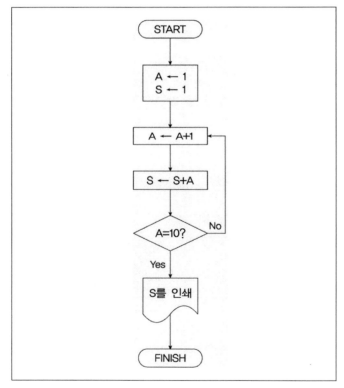

① 36

② 45

③ 55

④ 66

⑤ 77

43. 다음 ⑺~⒟의 설명에 맞는 용어가 순서대로 올바르게 짝지어진 것은?

> ⑺ 유통분야에서 일반적으로 물품관리를 위해 사용된 바코드를 대체할 차세대 인식기술로 꼽히며, 판독 및 해독 기능을 하는 판독기(reader)와 정보를 제공하는 태그(tag)로 구성된다.
>
> ⒩ 컴퓨터 관련 기술이 생활 구석구석에 스며들어 있음을 뜻하는 ‘퍼베이시브 컴퓨팅(pervasive computing)’과 같은 개념이다.
>
> ⒟ 메신저 애플리케이션의 통화 기능 또는 별도의 데이터 통화 애플리케이션을 설치하면 통신사의 이동통신망이 아니더라도 와이파이(Wi-Fi)를 통해 단말기로 데이터 음성통화를 할 수 있으며, 이동통신망의 음성을 쓰지 않기 때문에 국외 통화 시 비용을 절감할 수 있다는 장점이 있다.

① RFID, 유비쿼터스, VoIP

② POS, 유비쿼터스, RFID

③ RFID, POS, 핫스팟

④ POS, VoIP, 핫스팟

⑤ RFID, VoIP, POS

44. 국내에서 사용하는 인터넷 도메인(Domain)은 현재 2단계 도메인으로 구성되어 있다. 다음 중 도메인 종류와 해당 기관의 성격이 올바르게 연결되지 않은 것은?

① re.kr − 연구기관

② pe.kr − 개인

③ kg.kr − 유치원

④ ed.kr − 대학

⑤ mil.kr − 국방

45. 길동이는 이번 달 사용한 카드 사용금액을 시기별, 항목별로 다음과 같이 정리하였다. 항목별 단가를 확인한 후 D2 셀에 함수식을 넣어 D5까지 드래그를 하여 결과값을 알아보고자 한다. 길동이가 D2 셀에 입력해야 할 함수식으로 적절한 것은 어느 것인가?

	A	B	C	D
1	시기	항목	횟수	사용금액(원)
2	1주	식비	10	
3	2주	의류구입	3	
4	3주	교통비	12	
5	4주	식비	8	
6				
7	항목	단가		
8	식비	6500		
9	의류구입	43000		
10	교통비	3500		

① =C2*HLOOKUP(B2,$A$8:$B$10,2,0)

② =B2*HLOOKUP(C2,$A$8:$B$10,2,0)

③ =B2*VLOOKUP(B2,$A$8:$B$10,2,0)

④ =C2*VLOOKUP(B2,$A$8:$B$10,2,0)

⑤ =C2*HLOOKUP($A$8:$B$10,2,0)

46. 다음 표에 제시된 통계함수와 함수의 기능이 서로 잘못 짝지어진 것은 어느 것인가?

함수명	기능
㉠ AVERAGEA	텍스트로 나타낸 숫자, 논리 값 등을 포함, 인수의 평균을 구함
㉡ COUNT	인수 목록에서 공백이 아닌 셀과 값의 개수를 구함
㉢ COUNTIFS	범위에서 여러 조건을 만족하는 셀의 개수를 구함
㉣ LARGE(범위, k번째)	범위에서 k번째로 큰 값을 구함
㉤ RANK	지정 범위에서 인수의 순위를 구함

① ㉠   ② ㉡

③ ㉢   ④ ㉣

⑤ ㉤

┃47~49┃ 다음은 우리나라에 수입되는 물품의 코드이다. 다음 코드 목록을 보고 이어지는 물음에 답하시오.

생산 연월	생산지역		생산지역		상품종류		상품종류		순서
	지역 코드		고유 번호		분류 코드		고유 번호		
• 1602 2016년 2월	1	유럽	A	프랑스	01	가공 식품류	001	소시지	00001 부터 시작하여 수입된 물품 순서대로 5자리의 번호가 매겨짐
			B	영국			002	맥주	
			C	이탈리아			003	치즈	
			D	독일					
	2	남미	E	칠레	02	육류	004	돼지 고기	
			F	볼리비아			005	소고기	
	3	동아시아	G	일본			006	닭고기	
			H	중국			007	파프리카	
• 1608 2016년 8월	4	동남아시아	I	말레이시아	03	농수산 식품류	008	바나나	
							009	양파	
			J	필리핀			010	할라피노	
			K	태국			011	후추	
			L	캄보디아			012	파슬리	
• 1702 2017년 2월	5	아프리카	M	이집트	04	공산 품류	013	의류	
			N	남아공			014	장갑	
							015	목도리	
							016	가방	
			O	뉴질랜드			017	모자	
	6	오세아니아	P	오스트레일리아			018	신발	
	7	중동아시아	Q	이란					
			H	터키					

〈예시〉

2016년 3월 남미 칠레에서 생산되어 31번째로 수입된 농수산 식품류 파프리카 코드

1603   –   2E   –   03007   –   00031

47. 다음 중 2016년 5월 유럽 독일에서 생산되어 64번째로 수입된 가공식품류 소지지의 코드로 맞는 것은?

① 16051A0100100034

② 16051D0200500064

③ 16054K0100200064

④ 16051D0100100064

⑤ 16051D0100200064

48. 다음 중 아시아 대륙에서 생산되지 않은 상품의 코드를 고르면?

① 16017Q0401800078

② 16054J0300800023

③ 14053G0401300041

④ 17035M0401400097

⑤ 17043H0100200001

49. 상품코드 17034L0301100001에 대한 설명으로 옳지 않은 것은 무엇인가?

① 첫 번째로 수입된 상품이다.

② 동남아시아 캄보디아에서 수입되었다.

③ 2017년 6월 수입되었다.

④ 농수산식품류에 속한다.

⑤ 후추이다.

50. 다음에서 설명하고 있는 문자 자료 표현은 무엇인가?

- BCD코드의 확장코드이다.
- 8비트로 28(256)가지의 문자 표현이 가능하다.(zone : 4bit, digit : 4bit)
- 주로 대형 컴퓨터에서 사용되는 범용코드이다.
- EBCDIC 코드는 바이트 단위 코드의 기본으로 하나의 문자를 표현한다.

① BCD 코드

② ASCII 코드

③ 가중치 코드

④ EBCDIC 코드

⑤ 오류검출 코드

02 직무상식평가

✎ **[공통] 전체**

1. 다음 중 농협에서 시행하는 사업이 아닌 것은?

① 비료·농약·농기계 등 영농에 필요한 농자재를 저렴하게 공급

② 친환경 축산농업기반 구축

③ 가축질병 예방을 위한 방역서비스

④ Farm to Market을 통한 체계적인 농식품 관리

⑤ 농협사료 운영을 통해 축산 농가의 생산비 절감에 기여

2. 다음 중 협동조합과 주식회사의 차이에 대한 설명 중 옳지 않은 것은?

① 협동조합의 소유자는 조합원이며 주식회사의 소유자는 주주이다.

② 협동조합의 경우 투자상환책임 있으며 주식회사는 투자상환책임이 없다.

③ 협동조합은 개인의 출자한도 제한이 있으며 주식회사는 원칙적으로 출자제한이 없다.

④ 협동조합은 지분거래가 가능하며 주식회사는 지분거래는 불가능하다.

⑤ 협동조합의 출자가격은 변동이 없으며 주식회사는 주식시장에서 수시로 변동된다.

3. 다음은 4차 산업혁명 시대의 농업 관련 직업에 대한 설명이다. 다음 설명에 해당하는 직업은?

정보통신(ICT), 생명공학(BT), 환경공학(ET) 기술을 접목한 농업을 통해 농업의 생산, 유통, 소비 등 모든 영역에서 생산성과 효율성을 높이고 농업과 농촌의 가치를 증대시키는 일을 하는 직업이다.

① 토양환경전문가

② 농업드론전문가

③ 팜파티플래너

④ 스마트농업전문가

⑤ 친환경농자재개발자

4. 농촌공간상에서 최하위 중심지로서 기초마을 바로 위에 위계를 갖는 마을을 일컫는 용어는?

① 거점취락

② 배후마을

③ 대표취락

④ 중점마을

⑤ 성장마을

5. 농협형 스마트 팜 시범모델 형태를 모두 고른 것은?

> ㉠ 전통형
> ㉡ 애그테크
> ㉢ 생육형
> ㉣ 생력형
> ㉤ 수직농장형

① ㉠, ㉡

② ㉡, ㉢

③ ㉠, ㉣, ㉤

④ ㉡, ㉢, ㉣

⑤ ㉠, ㉢, ㉤

6. 다음에서 설명하는 제도의 실시 목적은?

> 정부가 농산물가격을 결정함에 있어서 생산비로부터 산출하지 않고 일정한 때의 물가에 맞추어 결정한 농산물가격이다.

① 근로자보호

② 생산자보호

③ 소비자보호

④ 독점의 제한

⑤ 사재기 제한

7. 식량 부족 문제 정도를 진단하기 위한 기준으로 5단계로 이루어져 있으며 하위 3단계는 식량부족으로 인해 위험하다는 것을 의미하는 '이것'은 무엇인가?

① GHI

② IPC

③ WFP

④ ODA

⑤ GAFSP

8. 최근 국내 농업·농촌의 구조변화에 대한 설명으로 옳지 않은 것은?

① 우리나라의 기온은 가파르게 오르고 있는 추세이며, 이에 따라 주요 농작물의 주산지가 남부지방에서 중부지방으로 이동하고 있다.

② 4차 산업혁명기술과의 융합으로 '첨단 융합기술 기반의 식물공장', '온실·축사·노지 등을 포괄하는 스마트 팜' 등 농업생산 및 유통·소비 전반에 걸쳐 폭넓은 변화가 나타날 것으로 예상된다.

③ 전문화 및 규모화 등으로 인해 위탁영농이 증가하고 있으며, 소득 상·하위 20% 농가 간 소득격차가 확대되는 양상을 보이고 있다.

④ 2013년 약 42만 명에서 2016년 약 50만 명으로 귀농·귀촌 인구가 증가하였는데, 이중 대부분은 귀농인구이므로 농업노동력 증가에 보탬이 될 전망이다.

⑤ 최근 농업의 지속 발전을 위한 대안으로 농업의 공익적 기능이 강조되면서 농촌의 환경 및 경관 보전 등이 중요한 과제로 대두되고 있다.

9. 새로 개편된 '공익형 직불제도'에 대한 설명으로 옳지 않은 것은?

① 공익 직불제는 농업활동을 통해 환경 보전, 농촌 공동체 유지, 먹거리 안전 등 공익을 증진하도록 농업인들을 장려하고 보조금을 지원하는 제도이다.

② 기존의 농정 패러다임이 규모화, 생산성 증대 등 '경쟁 및 효율'에 있었다면, 최근 변화된 패러다임에 맞춰 국민과 함께 하는 지속가능한 농업·농촌을 만드는 것을 목표로 한다.

③ 실제 농사를 짓지 않거나, 실제 관리하는 농지가 아니더라도 농업 외 종합소득액이 3,700만 원 이하인 자 및 논·밭 농지면적이 0.1ha 미만인 자는 직불금을 수령할 수 있다.

④ 직불금을 받고자 하는 농업인은 환경, 생태, 공동체, 먹거리 안전, 제도 기반 등의 분야별 준수사항을 지켜야 하며, 미이행 시 불이익 조치(직불금 감액)를 받게 된다.

⑤ 기존에는 논농업·밭농업 등을 기준으로 하여 직불금을 지급했다면, 개편된 제도에서는 '소규모 농가', '면적' 등을 기준(기본형 공익직접 직불 제도)으로 한다.

10. 인터넷 경제 3원칙을 보기에서 올바르게 고른 것은?

> ㉠ 마이크로칩의 처리능력은 18개월마다 2배 증가한다.
> ㉡ 80%의 효과는 20%의 노력으로 얻어진다.
> ㉢ 거래 비용이 적게 드는 쪽으로 변화한다.
> ㉣ 가치는 노동시간에 따라 결정된다.
> ㉤ 네트워크 가치는 참여자의 수의 제곱이다.

① ㉠, ㉡, ㉣
② ㉢, ㉣, ㉤
③ ㉠, ㉢, ㉤
④ ㉡, ㉢, ㉤
⑤ ㉠, ㉢, ㉣

11. 네트워크상에 존재하는 패킷 정보를 도청하는 해킹수법의 일종이다. 전화기 도청 장치 설치 과정과 유사한 이 해킹수법을 뜻하는 용어는?

① 스파이 앱
② 스니핑
③ 스머핑
④ 스푸핑
⑤ 워터링홀

12. 파일에 대한 저작권 정보(저자 및 권리 등)를 식별할 수 있도록 디지털 이미지나 오디오 및 비디오 파일에 삽입한 비트 패턴을 의미하는 것은 무엇인가?

① 디지털 쿼터족   ② 디지털 사이니지
③ 디지털 디바이드   ④ 디지털 워터마크
⑤ 디지털 네이티브

13. 'Finance(금융)'와 'Technology(기술)'의 합성어로 기존 금융 서비스를 ICT를 결합해 보다 혁신적이고 새로운 금융서비스를 탄생시키는 방향으로 발전한 이것을 무엇이라 하는가?

① 블록체인
② 로보어드바이저
③ 핀테크
④ 빅블러
⑤ 온디맨드

14. 엣지 컴퓨팅에 대한 설명으로 옳은 것은?

① 포그 컴퓨팅 기술과 대조된다.
② DOS 공격에 취약하다는 단점이 있다.
③ 사물인터넷(IoT) 보급으로 개발되었다.
④ 클라우드 컴퓨팅보다 데이터 부하량이 높다.
⑤ 중앙 집중 서버에서 방대한 데이터를 실시간으로 처리한다.

15. 크림전쟁에서 나이팅게일이 월별 사망자를 표현하기 위해 원 형태로 만든 도표는?

① 보로노이 다이어그램
② 벤 다이어그램
③ 블록 다이어그램
④ 로즈 다이어그램
⑤ 트리 다이어그램

1. 다음 설명으로 알맞은 현상은 무엇인가?

> 국내 여성의 경력단절 현상을 의미한다. 상당수의 여성들은 20대 초반에 노동시장에 참여하다가 20대 후반에서 30대 중후반 사이에 임신 및 출산, 육아 등으로 인해 경제활동에 손을 떼게 되는데 이 같은 여성 취업률의 변화 추이를 나타내는 곡선이다.

① U curve 현상
② J curve 현상
③ L curve 현상
④ M curve 현상
⑤ W curve 현상

2. 다음 중 ETF에 대한 설명으로 옳지 않은 것은?

① 주식처럼 거래가 가능한 펀드이다.
② 특정 주가지수의 수익률을 따라가는 지수연동형 펀드를 구성한 뒤 이를 거래소에 상장하는 방식이다.
③ 개별 주식처럼 매매가 편리하고 인덱스 펀드처럼 거래비용이 낮다.
④ 소액으로도 분산투자가 가능하다.
⑤ 주식처럼 거래를 하여 성과 역시 주식과 같은 효과를 얻는다.

3. 다음은 자동차 생산량과 가격을 나타낸 표이다. 2020년 실질 GDP와 GDP 디플레이터로 옳은 것은? (단, 기준은 2019년이며 자동차만 생산한다)

연	가격	생산량
2019	25	120
2020	40	135

	실질 GDP	GDP 디플레이터
①	4,800	150
②	5,620	150
③	5,400	160
④	3,375	160
⑤	4,773	160

4. 한국은행이 물가 급등을 우려하여 기준금리를 상승시킬 경우 수입과 원·달러 환율에 미칠 영향을 바르게 나타낸 것은?

	금리	환율
①	증가	상승
②	감소	상승
③	증가	하락
④	감소	하락
⑤	변화없음	변화없음

5. 이탈리아의 통계학자가 제시한 법칙에서 나온 것으로, 소득 분배의 불평등을 나타내는 수치는 무엇인가?

① 지니계수
② 엥겔지수
③ 위대한 개츠비 곡선
④ 로렌츠곡선
⑤ 10분위 분배율

6. 다음은 최고가격제와 최저가격제를 비교한 표이다. 다음 중 옳지 않은 것은?

구분	최고가격제	최저가격제
가격설정	㉠ 균형가격 아래로 설정	균형가격 위로 설정
목적	㉡ 물가 안정 및 소비자 보호	공급자(생산자 및 노동자) 보호
예시	임대료 및 이자율 규제 등	㉢ 최고임금제 등
암시장 형성	㉣ 초과수요로 인해 재화 부족 → 높은 가격으로 거래	초과공급으로 인해 재화 및 노동 포화 → ㉤ 낮은 가격으로 거래

① ㉠
② ㉡
③ ㉢
④ ㉣
⑤ ㉤

7. 비자발적 실업으로 옳지 않은 것은?

① 마찰적 실업   ② 경기적 실업

③ 계절적 실업   ④ 기술적 실업

⑤ 구조적 실업

8. 다음 중 가격차별의 사례로 옳지 않은 것은?

① 영화관 조조할인

② 비수기 비행기 요금할인

③ 할인마트 할인 쿠폰

④ 성수기 호텔 가격 인상

⑤ 의복 브랜드 노세일 전략

9. M&A 경영전략적 동기로 옳지 않은 것은?

① 시장구조를 독점하여 시장점유율과 시장지배력을 확대함으로 이익의 극대화를 추구한다.

② 기업 내부자원을 활용한 성장에는 한계가 있으므로 M&A를 통해 기업의 목표인 지속적인 성장을 추구한다.

③ 국제화 추세에 맞춰 기업과 기술의 국제화를 추구한다.

④ 비효율적인 부문은 매각하고 유망한 부문에 대해 전략을 구사하여 이익의 극대화를 추구한다.

⑤ 새로운 기술을 도입하고 보유하고 있는 기술을 발전시키기 위한 전략이다.

10. 경제가 완전고용수준에 미달하고 모든 물가가 신축적으로 변동할 때 피구 효과로 인해 나타 날 수 있는 현상은?

① 물가하락은 자산보유자의 실질적인 부의 증가를 가져오기 때문에 소비가 증가한다.

② 생산원가의 하락은 투자 수익의 증대를 가져와 투자지출이 증대된다.

③ 화폐의 유통속도는 물가가 하락하는 비율만큼 떨어진다.

④ 물가하락은 사람들이 앞으로 더욱 더 큰 물가 하락을 예상하여 총소비 지출을 감소시킨다.

⑤ 물가가 신축적이라 하더라도 극심한 불황 하에 서 유동성 함정이 존재한다면 완전고용은 이룰 수 없다.

11. 예금자보호가 적용되지 않는 금융상품은?

① ISA

② 표지어음

③ 외화통지예금

④ IRP

⑤ 은행채

12. 다음 ㉠과 ㉡에 들어갈 말로 가장 적절한 것은?

> (㉠)은/는 윤리적으로나 법적으로 자신이 해야 할 최선의 의무를 다하지 않는 행위를 말한다. 미국에서 보험가입자들의 부도덕한 행위를 가리키는 말로 사용되기 시작했다. (㉡)은/는 거래 당사자 중 한쪽만 정보가 있는 상황에서, 정보가 없는 쪽은 바람직하지 못한 상대방과 거래할 가능성이 큰 것을 의미한다.

	㉠	㉡
①	도덕적 해이	정보의 비대칭
②	정보의 비대칭	도덕적 해이
③	정보의 비대칭	역선택
④	도덕적 해이	역선택
⑤	역선택	정보의 비대칭

13. 시장실패의 원인으로 옳지 않은 것은?

① 시장지배력

② 외부 효과

③ 정보의 비대칭

④ 소비자의 시장지배력

⑤ 공공재

14. 다음 중 내쉬균형에 대한 설명으로 옳지 않은 것은?

① 상대방의 대응에 따라 최선의 선택을 하면, 균형이 형성되어 서로 자신의 선택을 바꾸지 않게 된다.

② 상대의 전략이 바뀌지 않으면 자신의 전략 역시 바꿀 유인이 없는 상태다.

③ 경쟁기업들의 행동이 주어졌을 때, 각 기업들이 자신이 할 수 있는 최선의 선택을 함으로써 나타나는 균형을 뜻한다.

④ 상대방의 전략과는 관계없이 자신의 이윤을 크게 만드는 전략으로 하나의 균형만이 존재한다.

⑤ 정치적 협상이나 경제 분야에서의 전략으로 널리 활용되고 있다.

15. 다음 글에 포함되어 있지 않은 경제적 개념은 무엇인가?

얼마 전 영화 「콩쥐팥쥐」가 개봉하였다. 송이는 영화관에서 볼지 아니면 2~3달 후에 집에서 OTT로 볼지 고민하다가 영화관에서 보기로 결정했다. 영화관에 가기 전날 송이는 A신문에서 "이동통신사들이 자사 카드 사용자에 대한 영화 관람료 할인제도를 폐지하자 관람객 수가 감소했다."는 기사를 읽게 되었다. 예전에 이동통신사의 관람료 할인제도를 이용하던 송이는 대신 조조할인을 받기 위해 일요일 아침 일찍 영화관에 갔다. 기다리면서 마시려고 산 커피는 일반 시중 가격에 비하여 매우 비싸다고 느꼈으며 영화관은 외부 음식물 반입을 금지하고 있다.
---

① 대체재

② 외부 효과

③ 가격차별

④ 진입장벽

⑤ 수요의 가격 탄력성

✐ **[분야별] IT**

1. 프로그램을 실행에 적합한 기계어로 번역하여 목적코드를 만들어 실행하는 언어 번역기는?

① 컴파일러

② 인터프리터

③ 코볼

④ LISP

⑤ 트랜잭션

2. 데이터베이스에서 데이터가 발생하는데도 중복을 통제하지 않을 때 단점이 아닌 것은?

① 일관성 문제

② 공유성 문제

③ 보안성 문제

④ 경제성 문제

⑤ 무결성 문제

3. 다음은 DBMS를 구성할 때 고려해야 할 사항이다. 옳지 않은 것은?

① DATA의 중복성을 최소화해야 한다.

② 최신의 DATA를 보유해야 한다.

③ DATA의 일관성을 유지해야 한다.

④ 모든 사용자가 DATA를 자유로이 탐색할 수 있어야 한다.

⑤ DATA의 보안을 유지해야 한다.

4. 다음 중 운영체제의 발달순서로 옳은 것은?

㉠ 일괄처리 시스템
㉡ 시분할처리 시스템
㉢ 다중처리 시스템
㉣ 분산처리 시스템
---

① ㉠, ㉡, ㉢, ㉣   ② ㉠, ㉢, ㉡, ㉣

③ ㉡, ㉢, ㉣, ㉠   ④ ㉢, ㉠, ㉣, ㉡

⑤ ㉣, ㉠, ㉡, ㉢

5. 하드웨어의 효율적 관리와 사용자의 컴퓨터 이용을 돕는 프로그램은?

① 컴파일러

② 인터프리터

③ 서비스 프로그램

④ 운영체제

⑤ LAN

6. HTML에 대한 설명으로 옳지 않은 것은?

① UL은 순서가 있는 목록의 시작과 종료를 알려주는 태그이다.

② BACKGROUND는 웹페이지의 배경그림을 나타낸다.

③ FONT는 문자의 크기나 색상 등을 지정한다.

④ TABLE은 표를 만들때 사용한다.

⑤ TAG는 문서를 작성하기 위해서 쓰는 명령어이다.

7. 다음에서 설명하는 입·출력 장치로 옳은 것은?

- 중앙처리장치로부터 입·출력을 지시받고 자신의 명령어를 실행 시켜 입·출력을 수행하는 독립된 프로세서이다.
- 하나의 명령어로 여러 개의 블록을 입·출력할 수 있다.

① 버스(Bus)

② 채널(Channel)

③ 스풀링(Spooling)

④ DMA(Direct Memory Access)

⑤ 벡터 처리기(Vector Processor)

8. 암호 방식에 대한 설명으로 옳은 것을 〈보기〉에서 모두 고른 것은?

〈보기〉

㉠ 대칭키 암호 방식(Symmetric Key Cryptosystem)은 암호화 키와 복호화 키가 동일하다.

㉡ 공개키 암호 방식(Public Key Cryptosystem)은 사용자 수가 증가하면 관리해야 할 키의 수가 증가하여 키 변화의 빈도가 높다.

㉢ 대칭키 암호 방식은 공개키 암호 방식에 비하여 암호화 속도가 빠르다.

㉣ 공개키 암호 방식은 송신자와 발신자가 같은 키를 사용하여 통신을 수행한다.

① ㉠, ㉡

② ㉠, ㉢

③ ㉡, ㉢

④ ㉡, ㉣

⑤ ㉠, ㉣

9. 다음에서 설명하는 용어로 가장 옳은 것은?

프랭크 로젠블라트(Frank Rosenblatt)가 고안한 것으로 인공신경망 및 딥러닝의 기반이 되는 알고리즘이다.

① 빠른 정렬(Quick Sort)

② 맵리듀스(MapReduce)

③ 퍼셉트론(Perceptron)

④ 디지털 포렌식(Digital Forensics)

⑤ 하둡(Hadoop)

10. 프로그래밍 언어에 대한 설명으로 옳지 않은 것은?

① Objective-C, Java, C#은 객체지향 언어이다.

② Python은 정적 타이핑을 지원하는 컴파일러 방식의 언어이다.

③ ASP, JSP, PHP는 서버 측에서 실행되는 스크립트 언어이다.

④ XML은 전자문서를 표현하는 확장가능한 표준 마크업 언어이다.

⑤ LISP, PROLOG, SNOBOL는 인공지능 언어이다.

11. 네트워크 장치에 대한 설명으로 옳지 않은 것은?

① 허브(Hub)는 여러 대의 단말 장치가 하나의 근거리 통신망(LAN)에 접속할 수 있도록 지원하는 중계 장치이다.

② 리피터(Repeater)는 물리 계층(Physical Layer)에서 동작하며 전송 신호를 재생·중계해 주는 증폭 장치이다.

③ 브리지(Bridge)는 데이터 링크 계층(Data Link Layer)에서 동작하며 같은 MAC 프로토콜(Protocol)을 사용하는 근거리 통신망 사이를 연결하는 통신 장치이다.

④ 게이트웨이(Gateway)는 네트워크 계층(Network Layer)에서 동작하며 동일 전송 프로토콜을 사용하는 분리된 2개 이상의 네트워크를 연결해주는 통신 장치이다.

⑤ 라우터(Router)는 인터넷에 접속할 때 반드시 필요한 장비로, 최적의 경로를 설정하여 전송한다.

12. 양수 A와 B가 있다. 2의 보수 표현 방식을 사용하여 A−B를 수행하였을 때, 최상위비트에서 캐리(carry)가 발생하였다. 이 결과로부터 A와 B에 대한 설명으로 가장 옳은 것은?

① 캐리가 발생한 것으로 보아 A는 B보다 작은 수이다.

② B−A를 수행하면 최상위비트에서 캐리가 발생하지 않는다.

③ A+B를 수행하면 최상위비트에서 캐리가 발생하지 않는다.

④ A−B의 결과에 캐리를 제거하고 1을 더해주면 올바른 결과를 얻을 수 있다.

⑤ B−A의 결과에 캐리를 제거하고 1을 더해주면 올바른 결과를 얻을 수 있다.

13. 프로그램 상태 워드(program status word)에 대한 설명으로 가장 옳은 것은?

① 시스템의 동작은 CPU 안에 있는 program counter에 의해 제어된다.

② interrupt 레지스터는 PSW의 일종이다.

③ CPU의 상태를 나타내는 정보를 가지고 독립된 레지스터로 구성된다.

④ PSW는 8bit의 크기이다.

⑤ PSW는 Program Counter, Flag 및 주요한 레지스터의 내용과 그 밖의 프로그램 실행상태를 나타내는 출력정보를 의미한다.

14. DMA에 대한 설명으로 가장 옳은 것은?

① 인코더와 같은 기능을 수행한다.

② inDirect Memory Acknowledge의 약자이다.

③ CPU와 메모리 사이의 속도 차이를 해결하기 위한 장치이다.

④ 메모리와 입출력 디바이스 사이에 데이터의 주고받음이 직접 행해지는 기법이다.

⑤ 주변기기와 CPU 사이에서 데이터를 주고받는 방식으로 데이터가 많아지면 효율성이 저하된다.

15. 3단계 스키마 중 다음 설명에 해당하는 것은?

> 물리적 저장 장치의 입장에서 본 데이터베이스 구조로서 실제로 데이터베이스에 저장 될 레코드의 형식을 정의하고 저장 데이터 항목의 표현 방법, 내부 레코드의 물리적 순서 등을 나타낸다.

① internal schema

② conceptual schema

③ external schema

④ tree schema

⑤ query schema

서 원 각

www.goseowon.com